AF339979

FRÈRE CÉCILIEN

DE L'INSTITUT DES FRÈRES DES ÉCOLES CHRÉTIENNES.

NOTICE NÉCROLOGIQUE

SUR

JACQUES DARNAUD

EN RELIGION

FRÈRE CÉCILIEN

MEMBRE DE L'INSTITUT DES FRÈRES DES ÉCOLES CHRÉTIENNES

Né à Lavelanet (Ariége), le 8 septembre 1801.

Extrait de la Circulaire envoyée le 25 avril 1867, dans toutes les Maisons de sa Congrégation, par le **T.-H. F. PHILIPPE,** *Supérieur-Général.*

Le 23 février dernier nous avons eu la douleur de perdre le très-cher frère CÉCILIEN, directeur de l'École normale de Rouen et visiteur de la haute Normandie.

Né à Lavelanet, (Ariége) en 1801, ce cher confrère se fit remarquer, dès son enfance, par un caractère ardent, une intelligence précoce et une piété exemplaire. M. le curé de sa paroisse, ami de son estimable famille, lui témoignait une grande tendresse; il fit lui-même, en partie, son éducation, et s'efforça surtout de développer les germes de vertu déposés dans son âme par une mère chrétienne.

Parvenu à l'adolescence, le frère Cécilien se montra préoccupé de son avenir. Le monde n'avait pour lui aucun attrait. Il se sentait, au contraire, appelé vers la vie religieuse ; mais il était incertain sur le choix de la milice sainte sous les drapeaux de laquelle il devait abriter son innocence et servir les intérêts de l'Église. M. le curé de Lavelanet, qui avait connu les anciens Frères des Écoles chrétiennes de Mirepoix, avait conservé un doux souvenir de ses relations avec eux. Informé que leur Institut avait été rétabli en France et qu'une de leurs maisons florissait à Toulouse, il en parla à son jeune paroissien, et lui fit un tableau si touchant du bien que ces religieux peuvent opérer dans les âmes, qu'aussitôt le frère Cécilien sentit toutes ses indécisions s'évanouir : il déclara qu'il voulait vivre et mourir Frère des Écoles chrétiennes. Après en avoir obtenu l'autorisation de ses pieux parents, il entra, en 1817, à notre noviciat de Toulouse.

Nous avions alors à la tête des Frères de cette ville, un des directeurs qui ont laissé parmi nous les plus honorables souvenirs : c'était le respectable frère Apollinaire. Digne émule du frère Éloi, dont il avait été le compagnon d'enfance, il travaillait avec vigueur à développer notre Institut en lui formant de bons sujets. Ses qualités sociales et sa capacité lui avaient acquis les sympathies de la population. Le cardinal de Clermont-Tonnerre, archevêque de Toulouse, et M. de Villèle, maire de la même ville, l'honoraient particulièrement de leur estime; ils aimaient à louer sa grandeur d'âme, la rectitude de son jugement et sa modestie.

Mais c'est surtout auprès des Frères, auprès de ses enfants, comme il les appelait, que le frère Apollinaire trouvait des témoignages d'une sincère affection, et si, par ses vertus religieuses, il se montra constamment leur modèle, il acquit également leur confiance par sa tendresse paternelle ; aussi son nom ne réveillera-t-il jamais dans le cœur de ceux qui l'ont connu que des souvenirs touchants de mansuétude et de charité.

C'est sous la direction de cet excellent Frère que le jeune novice fut placé après ses premières épreuves. Il y demeura dix ans et fut successivement employé aux écoles de Saint-Saturnin, de Saint-Nicolas et de Saint-Étienne, à Toulouse. Sous l'impulsion d'un aussi digne maître, il entra résolûment dans la voie de perfection ouverte devant lui, et jamais sa vocation n'éprouva un moment de défaillance. Il se montra toujours heureux et reconnaissant de la bonne direction qu'il avait reçue, et plaça, jusqu'à sa mort, au nombre de ses titres les plus honorables, ceux d'enfant du Vénérable de la Salle et d'élève du frère Apollinaire.

Nous ne ferions connaître que très-imparfaitement le cher frère Cécilien, si nous nous bornions à dire que, dans l'exercice de ses fonctions d'instituteur, il fut zélé pour l'instruction de ses élèves. La principale gloire à laquelle aspirait sa piété, c'était de faire du bien aux âmes et de former les cœurs à la vertu : « Le » catéchisme, aimait-il encore à répéter au déclin de sa » vie, c'est la récompense du Frère. » C'est pendant ce temps, en effet, que le Frère remplit sa plus noble mission auprès des enfants, qu'il les initie à la connaissance des vérités religieuses et leur inspire l'amour des vertus évangéliques, dont ils doivent trouver, dans sa conduite, un modèle respecté.

Jamais, sans doute, le frère Cécilien ne négligea, ni pour lui, ni pour ses élèves, l'instruction profane : les charges qu'il a remplies et les succès qui ont couronné ses efforts en sont la preuve. Nulle science cependant ne fut ambitionnée, ni recherchée par son zèle autant que celle de la religion. Ses catéchismes, soigneusement préparés et faits avec un remarquable accent de conviction, exerçaient sur ses élèves un attrait puissant. Aussi, plusieurs fois, à l'expiration de l'heure réglementaire consacrée à cet exercice, ses jeunes auditeurs se plaignirent-ils de la trop grande rapidité du temps : « De grâce, s'écriaient-ils, cher Frère, conti- » nuez; nous sommes si heureux de vous écouter! ». L'abbé Buissas, depuis évêque de Limoges, et M. Mac Carthy, frère du célèbre prédicateur de ce nom et membre de l'académie des Jeux-Floraux, furent un jour conduits par le frère Apollinaire, dans la classe du frère Cécilien, qui fit en leur présence le catéchisme, d'après la méthode en usage dans notre Institut; il les laissa aussi charmés de son zèle que surpris de l'attention sympathique et de l'instruction solide de ses élèves.

Deux ans après sa profession, qu'il fit en 1826, ses talents et ses vertus purent être utilisés sur un champ plus vaste que celui d'une classe ordinaire. Il fut envoyé, comme directeur, à Bollène; l'année suivante, il remplit la même charge à Aix; deux ans plus tard, il fut nommé maître-adjoint à l'École normale de Rouen, et, en 1833, directeur à Poitiers. Partout il fit briller un zèle qui paraissait se jouer des difficultés.

En 1837, le très-cher frère Calixte, directeur de l'École normale de Rouen, ayant été élu assistant, le cher frère Cécilien fut désigné pour le remplacer à l'École normale et reçut sa nomination officielle, le 25 octobre de la même année. Sur ce nouveau théâtre, il fit éclater les éminentes qualités de son esprit. Il se fit toujours un devoir de respecter et de continuer

les bonnes traditions qu'il avait trouvées dans l'établissement. Il était heureux quand il pouvait dire :
« Ce que je fais de bien, mon vénéré prédécesseur l'a fait avant moi ! »

Le nouveau directeur n'était pas d'ailleurs inconnu aux élèves-maîtres de l'École normale de Rouen : son nom leur rappelait un maître-adjoint qui avait déjà donné, dans leur établissement, des preuves de zèle et de talent. Ils l'accueillirent donc comme un vieil ami, dont les lumières étaient à la hauteur du dévouement.

Dès les premiers jours de son administration, le cher frère Cécilien se posa comme un père au milieu de ses enfants, et depuis, ses sentiments à cet égard ne se sont jamais démentis. La pensée de ses chers normaliens lui arrachait encore des larmes d'attendrissement, la veille de sa mort. Il a été pour eux, pendant près de trente années consécutives, un guide respecté et un formateur éclairé. Non content de les entourer de sa sollicitude, pendant le temps où il les avait immédiatement sous sa direction, il les encourageait dans leur début comme instituteurs, les éclairait, au besoin, par ses conseils, fortifiait, aux heures d'épreuve, leur courage affaibli, applaudissait joyeux à leurs moindres succès ; en un mot, il se montra constamment animé envers eux des sympathies et de la tendresse d'un père.

Hâtons-nous de dire que ses élèves-maîtres ont noblement répondu aux soins dont ils ont été l'objet, nous en avons eu, l'année dernière, un éclatant témoignage. Son Éminence le cardinal de Bonnechose, archevêque de Rouen, fit prévenir le cher frère Cécilien que, la veille de l'Assomption, il visiterait l'École

normale. Au jour désigné, M. l'inspecteur d'Académie et les membres de la commission de surveillance se réunirent au directeur et aux professeurs
de l'établissement, pour recevoir l'éminent prélat.
Après avoir répondu au discours que lui adressa, en
leur présence, le premier des élèves-maîtres, Monsei-
gneur l'archevêque ajouta : « Plusieurs fois j'ai par-
» couru, pendant mes visites pastorales, les paroisses
» de mon vaste diocèse; partout, MM. les curés m'ont
» fait l'éloge des instituteurs sortis de l'École normale:
» ils trouvent en eux des auxiliaires instruits, respec-
» tueux et dévoués. »

M. le baron Leroy, sénateur et préfet de la Seine-
Inférieure, et M. l'inspecteur d'Académie leur ont pu-
bliquement rendu, le jour des prix, un aussi honorable
témoignage sur la convenance de leurs rapports avec
l'autorité civile : « La conduite des élèves-maîtres pré-
» sents à l'École normale, a ajouté M. le préfet, a été
» digne d'éloges. Nous ne nous sommes point aperçus,
» cette année, de l'absence du Frère directeur, si ce
» n'est à la douleur que nous éprouvions de le savoir
» malade; mais les maîtres et les élèves se sont in-
» spirés de son esprit; un succès heureux les a récom-
» pensés de leurs nobles efforts. »

En 1844, tous les Frères capitulants avec lesquels nous
eûmes la consolation de nous rendre au tombeau de notre vénérable fondateur, pour consacrer à Dieu notre
Institut, purent eux-mêmes admirer l'impulsion vigou-
reuse et ferme imprimée autour de lui, par le frère Cécilien. Le gouvernement, à cette époque, aurait voulu
reconnaître ses services, en le nommant chevalier de
la Légion d'honneur; le frère Cécilien refusa la déco-
ration qui lui était offerte. Quatre ans plus tard, il

eut occasion de recevoir une récompense plus en rapport avec ses désirs : malgré les troubles suscités
à Rouen par la révolution de 1848, M. le baron
Leroy lui conserva la direction de l'École normale. Ce
respectable magistrat, satisfait de sa conduite habile et
prudente envers les élèves-maîtres, n'a jamais cessé,
depuis, de l'honorer de son estime bienveillante et de
sa haute protection.

En 1854, nous adjoignîmes un aide spécial au frère
Cécilien, pour le suppléer dans les cours que la faiblesse de sa santé ne lui permettait plus de professer.
Deux ans auparavant, nous l'avions nommé visiteur
de la haute Normandie, charge qu'il a toujours rem-
plie depuis lors, simultanément avec celle de directeur de l'École normale.

Comme visiteur, il s'efforça de maintenir dans l'administration des communautés et dans la direction des
écoles de son district, l'ordre, la régularité et l'activité
dont il s'était fait à lui-même une loi rigoureuse. Ses
études spéciales de pédagogie et son expérience per-
sonnelle lui furent d'un grand secours pour aider les
directeurs dans la formation des jeunes Frères.

Pénétré lui-même de l'esprit et des avantages de
notre méthode d'enseignement, il apprenait aux uns
et aux autres à l'appliquer avec fruit. « Veillez surtout, leur disait-il souvent, à ne point transfor-
» mer vos élèves en machines; que votre enseigne-
» ment soit pratique, et assurez-vous toujours, par
» des questions faites à propos, que vous êtes com-
» pris. Aimez vos élèves, disait-il encore, aimez-les;
» sans cela, vous ne leur ferez aucun bien ; mais, ajou-
» tait-il, aimez-les en Dieu et pour Dieu; inspirez-leur,
» par vos paroles et par votre exemple, l'amour de la

prière et de la vertu. » A cet égard, il pouvait, au reste, leur servir lui-même de modèle : l'on peut affirmer, en effet, qu'il aimait presque passionnément son district; ses relations avec les Frères directeurs furent toujours empreintes d'une charité généreuse et prévenante; les inférieurs avaient en lui un guide compatissant et sage; s'il visitait les classes, il se faisait un devoir de faire réciter aux élèves quelques oraisons jaculatoires; souvent il leur répétait d'une voix émue celles, qu'enfant, il avait jadis lui-même appris à bégayer sur les genoux de sa mère.

C'est à ses connaissances méthodiques, à son expérience, à son zèle pour la bonne tenue des écoles et à sa piété, qu'il dut d'être choisi pour faire partie des divers chapitres et commissions qui se sont tenus dans notre Institut, de 1838 à 1861 inclusivement, et nous devons dire à sa louange, qu'il s'y est toujours distingué, surtout par son profond amour pour notre congrégation.

Cependant la santé du cher frère Cécilien s'affaiblissait de plus en plus : son courage et son activité dévorante lui firent longtemps surmonter ses douleurs; mais, en 1856, il se vit contraint de prendre un peu de repos. Les médecins craignirent même un instant pour sa vie. D'après leurs conseils, nous le fîmes voyager dans le midi; nous espérions que le repos joint à la chaleur bienfaisante d'un climat heureux lui rendraient ses forces; mais, hélas! nous fûmes trompés dans notre attente.

Arrivé dans son pays natal, il fut pris de fréquents vomissements de sang. Le frère Claude, visiteur de Toulouse, et le frère Isidore, directeur de Carcassonne 'étant rendus auprès de lui, crurent qu'il allait expirer entre leurs bras. Dieu, en nous le conservant, exauça nos prières. Les forces lui revinrent peu à peu. Dès qu'il se sentit en état de supporter les fatigues du voyage, il voulut retourner à Rouen. Sa piété d'accord avec son cœur, lui faisait trouver dans cette ville un attrait que les Frères des Écoles chrétiennes ne peuvent point rencontrer ailleurs. Rouen, en effet, ne lui rappelait-il pas une des époques les plus glorieuses de l'histoire de notre Institut? C'est dans ses murs antiques que s'élève Saint-Yon, où l'on retrouve encore les salles habitées par notre vénérable fondateur, la chapelle où son corps a longtemps reposé, la terre où sont déposées les cendres du frère Irénée et celles de nos premiers supérieurs généraux.

Mais un motif encore plus puissant l'attachait à Rouen. Depuis 1834, les précieux restes de notre vénérable Père sont déposés dans la chapelle de l'Ecole normale, et le frère Cécilien s'estimait heureux d'avoir été constitué le gardien de ce dépôt, si cher et si sacré pour nous. Il prenait même de là occasion de s'exciter à la ferveur et il répétait souvent à ses Frères : « Notre » communauté doit être la plus régulière et la plus fer- » vente de toutes : chaque jour, nous avons le bonheur » de nous agenouiller sur le tombeau de notre fonda- » teur; nous retrouvons partout, sur nos pas, le sou- » venir de ses vertus. Que nous serions malheureux de » ne point lui ressembler, de ne point nous montrer » en tout ses dignes enfants ! »

Témoins de son dévouement et nobles appréciateurs de son mérite, M. le sénateur préfet de la Seine-Infé- rieure, M. l'inspecteur d'Académie, les membres du Conseil général, ceux de la Commission de surveil- lance, en un mot, toutes les autorités administratives avec lesquelles sa position le mettait en rapport, saluèrent avec joie son retour à Rouen ; chacun y vit un présage de nouveaux succès pour l'École normale.

Afin de répondre à de si légitimes espérances, il se remit au travail avec une ardeur toute juvénile. Malheureusement ses forces ne répondirent point à son zèle : une toux nerveuse et opiniâtre et une excessive débilité dans tous ses membres ne lui permirent plus de professer ; il continua cependant à présider aux travaux des maîtres et des élèves, et à les pénétrer de son esprit. Il se montrait sensible jusqu'aux larmes à tous les efforts entrepris pour l'honneur de son établissement ; plusieurs fois surtout, il exprima sa reconnaissance pour la coopération active et intelligente qu'il trouvait dans les Frères de sa communauté.

L'année dernière, les souffrances et la faiblesse du cher frère Cécilien s'accrurent notablement. Pendant quelque temps, il se vit même contraint de garder le lit. Son Éminence le cardinal de Bonnechose, de retour d'un voyage à Paris, lui fit l'honneur de le visiter et de l'entretenir dans sa chambre ; avant de se retirer, ce vénérable prélat lui donna sa bénédiction.

Pendant l'été, le malade fut transporté dans notre maison de Montivilliers. L'air pur qu'il y respira et les soins dont il y fut l'objet apportèrent bientôt une amélioration sensible à sa santé. Revenu au milieu de ses élèves, sa présence y fut regardée comme un bienfait du ciel ; elle était pour tous la preuve consolante que leurs prières avaient été exaucées.

Hélas ! le frère Cécilien oublia bientôt les mesures hygiéniques réclamées par sa faiblesse. Il porta dans toutes les branches de son administration une ardeur fiévreuse et dévorante qui, en peu de jours, acheva de

ruiner sa santé. Obligé de nouveau de garder le lit, il se fit illusion sur la gravité de sa maladie; en vain l'engageait-on à se reposer : « Je vivrai encore long-
» temps, répondait-il; je veux d'ailleurs mourir les
» armes à la main. »

Le très-cher frère Calixte, assistant, et le Frère directeur de l'infirmerie de notre maison-mère étant venus le voir, le 18 février, le trouvèrent encore dans les mêmes dispositions. Déjà la mort paraissait assise au chevet de son lit, n'attendant que l'heure marquée par la Providence pour le frapper; et rien cependant, ni dans ses paroles, ni dans ses actes, ne trahissait les sentiments d'un homme qui se voit sérieusement malade.

Néanmoins, quelques jours auparavant, et d'après les conseils de son médecin, il nous avait prié d'agréer qu'il se démît d'une partie de ses fonctions. Ayant ensuite réuni, autour de son lit, les Frères de la communauté il leur dit : « Vous apprendrez avec plaisir,
» que, désormais, je ne m'occuperai que de vous;
» j'ai donné ma démission de visiteur; je ne serai donc
» plus que directeur de l'École normale. » Il faisait partie du conseil de la société de secours mutuels des instituteurs. Le 20, il se leva pour assister à une des séances de ce conseil; mais, le soir, il se remit au lit, plus souffrant et très-fatigué, c'était pour ne plus se relever !

Afin de ne négliger aucun des moyens conseillés par la prudence pour prolonger les jours de ce cher malade, trois médecins expérimentés furent réunis, en consultation, auprès de lui, le 22, à onze heures du matin. Hélas! ils ne purent que nous confirmer dans nos craintes, le malade, dirent-ils, n'avait que peu de jours à vivre. A cinq heures du soir, M. le docteur

Manoury, son médecin, qui, depuis trente ans, lui prodiguait les soins les plus dévoués, revint le voir. Frappé des graves symptômes d'une dissolution prochaine répandus sur ses traits, il conseilla aux Frères de lui faire administrer, au plus tôt, les derniers sacrements.

M. l'aumônier fut chargé d'annoncer au frère Cécilien l'approche de sa fin : « Mon cher Frère, » lui dit-il, avec une émotion facile à comprendre, « je viens, » quoiqu'il m'en coûte, remplir auprès de vous ma » mission suprême ; mais vous ne croiriez pas à mon » amitié et à mon dévouement, si, en ce moment, je » ne vous prévenais de l'état dans lequel vous êtes. » A ces mots, un éclair sembla passer sur la figure jusque là si calme du malade. « Eh quoi ! répondit-il » lentement, je n'ai donc plus longtemps à vivre ? Et » vous venez m'annoncer que je vais mourir ! » Puis, reprenant bientôt son calme habituel : « Je vous » remercie, dit-il à M. l'aumônier, du courage que vous » montrez dans cette circonstance ; je vois bien que » ma carrière est achevée ; je me remets entre vos » mains pour me préparer à mourir chrétiennement et » religieusement. »

Après quelques moments de recueillement, il se confessa longuement et à plusieurs reprises, puis il demanda à recevoir, dès le soir même, les derniers sacrements, en présence des Frères et des élèves de l'École normale. Lorsque tout fut disposé pour la cérémonie, les Frères de la communauté, quelques-uns de celle de la rue Beauvoisine, et les élèves-maîtres se réunirent à la chapelle et se rendirent ensuite, chacun un cierge à la main, auprès du malade qui, dans le plus grand calme et avec une remarquable lucidité d'esprit, répondit aux prières et présenta ses membres à l'huile sainte.

Après avoir reçu l'Extrême-Onction, le frère Cécilien voulut, par un acte suprême d'humilité, disposer son âme à se nourrir, avec plus de fruit, du pain des forts : « Mes très-chers Frères, dit-il, je de-
» mande à tous pardon de toutes les peines que je
» vous ai faites et de tous les scandales que je vous
» ai donnés, depuis que j'ai le bonheur de vivre
» avec vous. — Si j'ai fait de la peine à quelqu'un
» de vous, croyez que ce n'est point par malice ou
» méchanceté; il faut l'attribuer seulement à mon
» tempérament et à mon caractère. — Je vous en de-
» mande néanmoins pardon; oui, mes très-chers Frè-
» res, je vous prie de me pardonner. »

Au moment de lui donner le saint Viatique, M. l'au-mônier lui rappela que Jésus-Christ avait quelquefois rendu la santé aux malades : « Il n'en sera pas au-
» jourd'hui de même, répondit le Frère Cécilien, je
» le sais, je suis au terme de ma carrière; » puis, à quelques paroles de remercîment qui lui furent adres-sées, il répartit : « Je ne mérite pas tout ce que vous
» venez de me dire; je suis un pécheur; mais j'espère
» beaucoup en la miséricorde de Dieu! »

M. Darnaud, son frère, arrivé de Paris; quelques Frères de l'École normale et M. l'aumônier passèrent la nuit auprès du malade, et le lendemain matin, vers quatre heures, toute la communauté s'unit à eux pour réciter les prières des agonisants : « Parlez assez
» haut et assez distinctement, dit le frère Cécilien, pour
». que je puisse vous comprendre et prier avec vous. »
A cinq heures, les Frères, sur sa demande, se rendirent à la chapelle pour y faire leurs exercices religieux.

« Maintenant, dit-il à un Frère demeuré auprès de
» lui, je ne désire que mourir; plus tôt je mourrai, plus
» je serai content. » Voulez-vous, reprit le Frère, que
je vous suggère une bonne pensée? — Parlez. — Il y
a peu de jours, M. le curé de Saint-Sever était aux
portes du tombeau; le cardinal de Bonnechose, age-
nouillé au pied de son lit, priait avec lui : « Éminence,
» dit le vertueux pasteur, j'offre ma vie à Dieu pour
» l'Église et pour le Pape. — Oh! moi aussi, dit le frère
» Cécilien, j'offre à Dieu volontiers mes souffrances et
» ma vie, pour Pie IX et pour l'Église! » Il chargea ce
Frère d'écrire à quelques-uns de ses parents et à des
confrères qu'il lui nomma, pour leur faire ses adieux
et le recommander à leurs prières; il donna ensuite
quelques explications relatives à son administration et
témoigna, plusieurs fois, sa reconnaissance pour l'em-
pressement que chacun mettait à satisfaire ses moindres désirs.

Les Frères des communautés voisines et quelques
ecclésiastiques vinrent le voir; il les accueillit tous
avec gratitude et les laissa aussi touchés qu'édifiés
de son calme et de sa résignation. Chacun, en le quit-
tant, retrouvait sur ses lèvres émues ces paroles du
Saint-Esprit : « Bienheureux sont les morts qui
» meurent dans le Seigneur, car désormais ils se repo-
» seront en paix parce que leurs œuvres les suivent. »

Le cher frère Cécilien fit admirer jusqu'au dernier
soupir sa quiétude douce, pieuse et résignée; il expira
à midi trois quarts. Après lui avoir fermé les yeux,
M. l'aumônier récita le *De profundis* avec quelques
Frères, agenouillés, comme lui, auprès du lit funèbre
de leur directeur : « Puissions-nous, dit-il en se rele-
» vant, mériter du ciel une aussi belle mort! »

M. le Préfet, momentanément à Rouen, ayant appris, dans la matinée, l'état désespéré du malade, et voulant lui donner une nouvelle preuve de sa profonde estime, se présenta vers une heure à l'établissement ; le frère Cécilien venait de rendre le dernier soupir.

Le corps du défunt fut exposé, le dimanche, dans la chapelle de l'École normale ; une foule considérable s'y rendit pour prier. Le soir, les élèves y chantèrent l'office des morts.

Le 25, jour fixé pour les funérailles, tous les Frères de Rouen assistèrent, à six heures, à une première messe, à l'École normale et y firent la sainte communion. Plusieurs prêtres montèrent ensuite successivement à l'autel et y offrirent, à l'intention du défunt, l'auguste Victime du Calvaire.

A dix heures, commença la cérémonie des funérailles. L'administration des pompes funèbres et surtout le clergé de la cathédrale avaient fait spontanément de larges concessions à nos Frères, afin de rendre cette cérémonie plus imposante. Les Frères des communautés de Rouen, de Darnetal et de Sotteville, ainsi que tous les directeurs du district faisaient partie du convoi ; les très-chers frères Calixte et Facile, assistants, que nous avions délégués à cet effet, marchaient à leur tête. M. le Préfet, retenu à Paris par ses travaux au Sénat, s'y était fait représenter par son secrétaire général ; M. le maire avait délégué, pour le remplacer, M. le premier adjoint, et M. le Proviseur du Lycée y représentait l'inspecteur d'Académie, indisposé depuis quelques jours. « A côté de plusieurs prêtres, dit la *Semaine religieuse* de Rouen, on remarquait encore des magistrats, des fonctionnaires, des députations du corps enseignant, un nombre imposant

d'instituteurs, accourus des différents points du département, pour rendre une dernière fois, à celui qui fut
leur maître et qui était demeuré leur ami, l'hommage
de leur sympathie.»

Il y avait en outre, une affluence considérable de parents d'élèves et d'autres personnes appartenant à tous
les rangs de la société rouennaise. Aux enfants de nos
classes s'étaient joints, ceux de l'École communale pro-
fessionnelle; les élèves-maîtres, tous en habit de
chœur, précédaient immédiatement le clergé. Dans le
trajet, les cordons du poêle furent tenus par M. Genty,
secrétaire général de la préfecture; MM. Rolet et Thu-
bœuf, adjoint; M. Boivin-Champeaux, conseiller honoraire, président de la Commission de surveillance;
M. le Proviseur du lycée et M. Ducôté, conseiller de
préfecture et membre de la Commission de surveillance.

L'office, célébré par M. Picard, archiprêtre de la mé-
tropole, fut chanté, par les élèves-maîtres et les élèves
de l'École annexe; l'absoute fut faite par M. l'abbé Pé-
nel, chanoine théologal et confesseur des élèves-maîtres. Deux vicaires généraux, M. le secrétaire général
de l'archevêché, plusieurs membres du Chapitre mé-
tropolitain et plusieurs curés de la ville assistèrent à
l'office (1).

En sortant de la cathédrale, le cortége se mit en
marche pour le cimetière Saint-Gervais. Une foule
respectueuse et sympathique se pressait dans les rues
qu'il devait traverser. L'éloge du défunt était sur toutes
les lèvres : « C'était, disait-on, un homme actif et la-

______

(1) Son Éminence le cardinal-archevêque de Rouen se trouvait alors à Paris, pour assister aux séances du Sénat.

» borieux. A l'exemple de son digne Maître, il a passé
» en faisant le bien (1). »

Peu de jours après, tous les membres de la commission de surveillance ayant été réunis firent in-
insérer, dans le procès-verbal de leur séance, l'expres-
sion des profonds regrets que leur faisait éprouver la
perte de ce respectable directeur. L'un d'eux, M. A.
Lévy, retraça, en outre, en quelques lignes émues, les
traits principaux qui lui ont mérité la reconnaissance
des amis de l'instruction du peuple. Nous sommes
heureux de pouvoir reproduire ici ce témoignage
rendu au mérite du F. Cécilien, par un juge des plus
compétents.

« L'Ecole normale primaire de Rouen, dit M. Lévy,
vient de perdre son vénérable directeur, dont tout le
monde a su apprécier les rares aptitudes et la com-
plète abnégation. Par ses lumières, le Frère Cécilien
préparait à la carrière de l'enseignement primaire, cette
jeunesse studieuse qui vient, chaque année, du fond
de nos campagnes, demander à des maîtres instruits
des connaissances sérieuses, et surtout le secret des
méthodes si indispensable pour les progrès des enfants.
Le Frère Cécilien, avec le concours de ses dignes coo-
pérateurs, répondait admirablement à ce besoin, et,
chaque année, la Commission d'examen a constaté la
supériorité des élèves de l'Ecole normale sur leurs con-
currents. Mais là ne se borne pas l'action des maîtres;
l'instituteur a la mission multiple d'instruire, de commander et d'obéir; sous ce dernier point de vue, le
Frère Cécilien donnait l'exemple, par ses actes, par
l'esprit qui l'animait et qu'il avait puisé aux sources

(1) Actes, x, 38.

les plus propres à vivifier un esprit profondément religieux. Ses élèves, du reste, correspondaient merveilleusement à sa pensée et partout, dans notre département, le corps des instituteurs primaires est loué pour le bon esprit qui l'anime : respect pour l'autorité religieuse et pour l'autorité civile, concours intelligent et dévoué pour tout ce qui est bon et bien, affection vraie pour ceux qui ont le droit de commander et qui commandent du reste toujours, il faut le reconnaître, de manière à rendre l'obéissance facile ; tels sont les mérites sérieux et incontestés de cette cohorte de l'enseignement primaire sortie des mains du bon Frère Cécilier, tant est grande la puissance de l'exemple et l'influence des vertus chrétiennes unies à un savoir réel.

» Aussi, le modeste religieux, vivant obscurément au fond de sa retraite, s'était-il acquis, par son dévouement, les plus profondes sympathies ; elles viennent de se manifester aujourd'hui par le concours de tous ceux qui, dans les rangs les plus élevés de la société, comme parmi les plus modestes, ont voulu payer un dernier tribut de reconnaissance au religieux dévoué qui, depuis près de cinquante ans, a donné tous ses soins aux enfants des classes laborieuses, et qui, depuis trente ans, dirigeait avec tant de supériorité l'Ecole normale de Rouen.

» Ce témoignage de reconnaissance a encore une plus large signification, par cela qu'il s'adresse à l'ordre tout entier des Frères des Écoles chrétiennes, dont tous les membres sont animés du même esprit d'abnégation et du même respect pour le principe d'autorité que le bon religieux dont la ville entière déplore la perte. »

Les élèves-maîtres de l'Ecole normale et les parents

des élèves de l'Ecole annexe ont fait élever à la mémoire du frère Cécilien et au moyen d'une souscription, un monument au cimetière Saint-Gervais. Trente jours après le décès de ce religieux enfant du vénérable de La Salle, il a été célébré dans l'église paroissiale de Saint-Ouen, un service solennel, pour lequel M. le curé n'a voulu accepter aucun honoraire.

Le très-cher frère Cécilien était âgé de soixante-cinq ans et demi, dont quarante-neuf et demi de religion et quarante et demi de profession.

Versailles. — Imprimerie BEAU, rue de l'Orangerie, 36.

9 782012 972438